le petit chaperon rouge

Illustrations de Jack Kent
Texte adapté par Madeleine Gilard

éditions du Sorbier

51, rue Barrault
75013 Paris

Il était une fois
une petite fille et sa maman
qui vivaient dans une maisonnette au bord de la forêt profonde.

La petite fille portait un joli capuchon rouge
que sa grand-mère lui avait donné.

La petite fille l'aimait beaucoup
et le portait si souvent
que tout le monde l'appela « Petit Chaperon Rouge ».

Un jour,
sa maman lui confia un panier
dans lequel
il y avait des gâteaux,
du pain frais
et une tarte.

— Tiens, Petit Chaperon Rouge,
lui dit-elle.
Prends ce panier plein de bonnes choses
et va l'apporter à ta grand-mère
qui est malade et couchée.

— Ne t'éloigne surtout pas de la route
qui traverse la forêt.
Je t'attends à la maison pour le souper.

Le Petit Chaperon Rouge promit de ne pas s'écarter
du chemin
et partit.

Elle n'était pas encore très loin
lorsqu'un loup
surgit de derrière un arbre
et s'arrêta juste devant elle.

— Bonjour, chère petite.
Où allez-vous donc de si bon matin ?

Le Petit Chaperon Rouge fut très effrayée,
et ne voulait pas répondre au loup.
Mais comme il lui barrait le chemin,
elle répondit comme elle put :

— J'apporte des pâtisseries à ma grand-mère
qui est malade et couchée.
Laissez-moi passer s'il vous plaît.

Mais le loup restait au milieu de la route.
— Et où demeure ta grand-mère ?
demanda-t-il.

— De l'autre côté de la forêt,
répondit le Petit Chaperon Rouge.
Et maintenant, je dois me dépêcher
car je dois être de retour à la maison pour le dîner.
Laissez-moi passer s'il vous plaît.

Le loup s'écarta.

– Bonne route, chère petite, dit-il. J'espère vous revoir bientôt.

Le Petit Chaperon Rouge poursuivit son chemin.
Le méchant loup n'avait plus besoin de la suivre.
Il avait imaginé un plan ;
il aurait le Petit Chaperon Rouge et sa grand-mère pour son dîner.

Aussitôt que le Petit Chaperon Rouge
se fut éloignée,
le loup prit un raccourci
à travers bois.

Il courut tout le long du chemin
et arriva à la maison de la grand-mère
bien avant le Petit Chaperon Rouge.
Il cogna à la porte.

— Qui est là ?,
demanda la grand-mère.

— C'est moi,
Le Petit Chaperon Rouge,
répondit le loup.

Il avait pris la toute petite voix du Petit Chaperon Rouge.
La grand-mère s'y trompa et lui dit d'entrer.

Aussitôt, le méchant loup ouvrit son énorme gueule et avala entièrement la pauvre grand-mère.

Puis le méchant loup mit son bonnet de nuit,
ses lunettes.

Et il sauta dans le lit,
se cacha sous une grosse couverture
et attendit l'arrivée du Petit Chaperon Rouge.
Ce ne fut pas bien long.
Presque aussitôt,
il entendit frapper à la porte.
C'était le Petit Chaperon Rouge
avec son panier plein de gâteaux.

Le loup imita la voix de la grand-mère.

– Entre, dit-il, la porte est ouverte.

Et le petit Petit Chaperon Rouge entra
et posa son panier sur le lit.

– Oh, grand-mère,
dit-elle.
Comme vous avez
de grands yeux !

– C'est pour mieux te voir, mon enfant,
répondit le loup
en imitant la voix chevrotante
de la grand-mère

– Oh grand-mère,
que vous avez de grandes oreilles !
s'écria le Petit Chaperon Rouge.

– C'est pour mieux t'entendre, mon enfant,
dit le loup,
toujours avec la voix de la grand-mère.

– Oh, grand-mère,
que vous avez de grandes dents !,
dit encore le Petit Chaperon Rouge
tout effrayée.

– C'est pour mieux te manger,
hurla le loup.

Et il sauta hors du lit pour attraper
le Petit Chaperon Rouge.

Mais le Petit Chaperon Rouge se mit à courir,
à courir,
suivie par le méchant loup.

Heureusement pour elle,
un bûcheron passait justement par là,
et d'un seul coup de sa grande hache,
il tua le méchant loup.

Il lui ouvrit le ventre
et en retira la grand-mère vivante.

Le Petit Chaperon Rouge et sa grand-mère embrassèrent et remercièrent le bûcheron pour sa bravoure.
Et tous les trois mangèrent les bons gâteaux que le Petit Chaperon Rouge avait apportés.

Sirop

Et ensuite,
le bûcheron ramena chez elle le Petit Chaperon Rouge

Dépôt légal : 1er trimestre 1987.
ISBN n° 2 7320 2005-2

ACHEVÉ D'IMPRIMER 1er TRIMESTRE 1991
SUR LES PRESSES SPÉCIALES DE LA
SOCIÉTÉ EUROPÉENNE DES ARTS GRAPHIQUES
5, RUE DE PONTOISE
75005 PARIS
IMPRIMÉ EN ITALIE